Dinosaures

Qu'est-ce qu'un dinosaur

Les dinosaures étaient des animaux qui habitaient sur la terre il y a 245 millions d'années. Ils ont disparu il y a 65 millions d'années.

Dinosaure veut dire "affreux lézard". Ils étaient présents sur toute la planète.

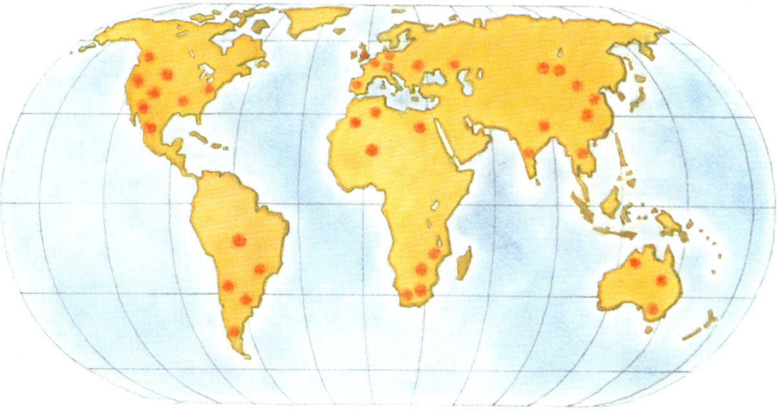

sur la terre	on earth
Ils ont disparu	They disappeared
il y a	ago
veut dire	means
affreux	terrible
toute la planète	the whole planet

On a trouvé les premiers os de dinosaure à Oxford en Angleterre en 1818. Ce sont les os du Mégalosaure. Le Mégalosaure est carnivore. Ça veut dire – il mange de la viande. Il mesure plus de six mètres et il marche sur deux pattes. Il a une grosse tête, de longues dents pointues et des griffes. Voici le Mégalosaure.

a trouvé	were found
premiers os	first bones
de la viande	meat
il marche	it walks
pattes	feet (animal)
dents pointues	pointed teeth
des griffes	claws

Le Brachiosaure est le plus lourd des dinosaures. Il pèse environ 50 tonnes. Il est très grand, environ 16 mètres de haut. Il est aussi très long. Il mesure environ 25 mètres. Il est herbivore. Ça veut dire – il mange des plantes. Son long cou (comme celui d’une girafe) lui permet de manger des plantes. Il vit en groupe et à la fois sur terre et dans l’eau.

le plus lourd	the heaviest
Il pèse	it weighs
16 mètres de haut	16 metres high
son cou	its neck
comme celui d’une girafe	like a giraffe’s
lui permet	enables it
Il vit	it lives
à la fois	both

Voici le Stégosaure. Il n'est pas très intelligent! Il a un cerveau tout petit comme une noix.

Il vient d'Amérique. Il a de longues crêtes pointues sur tout le dos. Il marche sur quatre pattes. Il mesure de trois à neuf mètres et pèse une tonne trois-quart. Il a une petite tête, de petites dents et il est herbivore.

un cerveau	a brain
comme une noix	like a walnut
Il vient de	it comes from
crêtes	crests
sur tout le dos	along its back
une tonne trois-quart	one and three quarter tonnes

Un oiseau ou un dinosaure?

L'Archéoptéryx est très différent des autres dinosaures.

Il ressemble à un oiseau. Il a des ailes, des plumes, il vole et il a deux pattes. Mais il a une tête de dinosaure.

Regarde les dents pointues! Oui, il ressemble à un oiseau mais c'est un dinosaure. On a trouvé les os de l'Archéoptéryx en Allemagne.

un oiseau	a bird
Il ressemble à	it resembles
des ailes	wings
des plumes	feathers
il vole	it flies
en Allemagne	in Germany

Les dinosaures, sont-ils tous plus grands que nous?

Non. Il y a des dinosaures qui ne sont pas plus grands que nous. Le Compsognathaure (d'Europe) est très, très petit. Il mesure environ 70 centimètres, comme un poulet!

Il marche sur deux longues pattes et va très vite. Il a une petite tête, un long cou, de longues dents pointues et il est carnivore. Oui, il est petit, mais il est dangereux!

plus grands que nous	bigger than us
un poulet	a chicken
vite	quickly

L'Ankylosaure, est-il féroce ou doux? Qu'en penses-tu?

Pourquoi l'Ankylosaure a cette massue au bout de sa queue?

Il utilise sa queue pour se défendre. L'Ankylosaure est très puissant mais il n'est pas féroce. Il est herbivore! Il est très lourd et il mesure environ 10 mètres. Il ressemble à un char de combat, n'est-ce pas?

féroce	ferocious
doux	gentle
cette massue	this club
au bout de	at the end of
sa queue	its tail
Il utilise	it uses
pour se défendre	to defend itself
puissant	powerful
lourd	heavy
un char de combat	an armoured tank

Comment s'appelle ce dinosaure?

C'est le Tyrannosaure Rex! Il vient d'Amérique du Nord. C'est sans doute le plus célèbre de dinosaures et aussi le plus grand et le plus féroce. Il mesure 14 mètres de long et fait six mètres de haut.

Le Tyrannosaure Rex mange des animaux morts. Il a des griffes et de longues dents pointues. Ses dents mesurent 18 centimètres. Elles sont aussi longues qu'un couteau!

sans doute	without doubt
le plus célèbre	the most famous
fait six mètres de haut	six metres high
morts	dead
des griffes	claws
aussi longues qu'un couteau	as long as a knife

Comme beaucoup de dinosaures le Pentacératops vient d'Amérique du Nord. Il ressemble à un rhinocéros! Il a cinq cornes et une crête arrondie. Il marche sur quatre pattes et mesure six mètres. Sa tête mesure 2,3 mètres. Enorme, n'est-ce pas? Le Pentacératops n'est pas féroce. Il est herbivore!

cornes	horns
une crête arrondie	a rounded crest

L'Ovirapteur est un dinosaure différent. Il a une machoire très puissante pour concasser les os. Mais c'est incroyable – il n'a pas de dents! Il marche sur deux pattes, il mesure environ 1,5 mètres de long et trois mètres de haut. L'Ovirapteur n'est pas apprécié par les autres dinosaures. Pourquoi? Il vole les œufs des dinosaures!

une machoire	jaw
concasser les os	to crush bones
Il vole les œufs	It steals eggs

C'est le Monstre du Loch Ness?

L'Elasmosaure n'est pas un dinosaure mais il habitait avec les dinosaures. L'Elasmosaure a une petite tête et un très long cou. Il utilise son cou pour attraper des poissons. Il vit dans l'eau. Il n'a pas de pattes, mais il a des nageoires pour nager. Il vient du Wyoming, en Amérique – c'est peut-être un peu loin de l'Ecosse, n'est-ce pas?

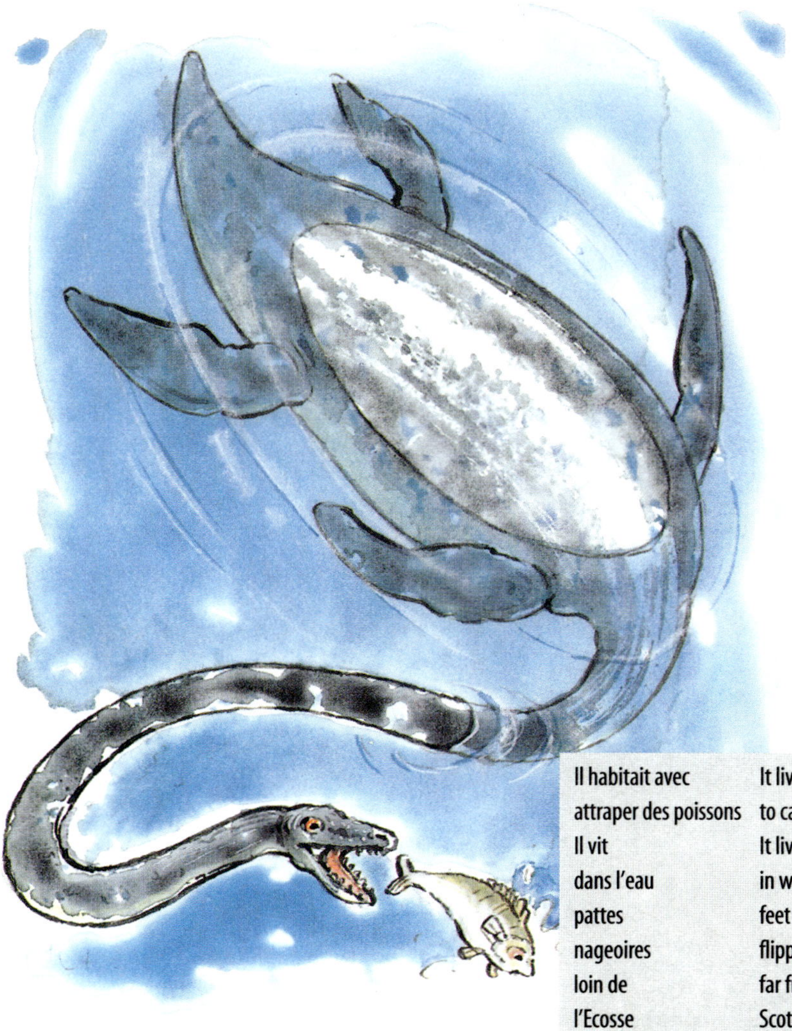

Il habitait avec	It lived with
attraper des poissons	to catch fish
Il vit	It lives
dans l'eau	in water
pattes	feet
nageoires	flippers
loin de	far from
l'Ecosse	Scotland

Le Géosaure est un 'Crocodilien'. Ce n'est pas un vrai dinosaure. Il vient de la famille du crocodile, mais il est très différent. Il n'a pas de pattes comme le crocodile, il a des nageoires pour nager. Sa queue est comme la queue d'un requin. Il a un petit cou, une grosse tête et des dents pointues pour manger les poissons!

vrai	true
nager	to swim
comme la queue d'un requin	like a shark's tail

Les dinosaures ont existé sur terre pendant 500 millions d'années. Ils ont disparu il y a 65 millions d'années. Personne ne sait comment. Il y a beaucoup de théories. C'était un météore? C'était la température? C'était des volcans? Qu'en penses-tu?

ont existé	existed
pendant	for
Personne ne sait comment	no one knows how
théories	theories
des volcans	volcanoes

Activités

1. Maintenant dessine ce dinosaure imaginaire! Il marche sur quatre pattes. Il a une longue queue, un long cou, une petite tête et de longues dents pointues. Il a beaucoup de longues crêtes pointues sur le dos et une grande corne sur la tête. Donne un nom à ce dinosaure.

2. Quel est ton dinosaure préféré? Pourquoi?

3. Voici le Lexovisaure. Copie le dessin dans ton cahier et remplis les mots qui manquent.

Thomas Nelson & Sons Ltd
Nelson House Mayfield Road
Walton-on-Thames Surrey
KT12 5PL UK

Nelson Blackie
Wester Cleddens Road
Bishopbriggs
G64 2NZ UK

Thomas Nelson Australia
102 Dodds Street
South Melbourne
Victoria 3205 Australia

Nelson Canada
1120 Birchmont Road
Scarborough Ontario
M1K 5G4 Canada

First published by
Thomas Nelson and Sons Ltd 1995

I(T)P Thomas Nelson is an
International Thomson Publishing Company
I(T)P is used under licence

ISBN 0-17-440010-1
NPN 9 8 7 6 5 4 3 2 1

Printed in Hong Kong

Illustration by John O'Leary